CÉLIA PASSOS

Cursou Pedagogia na Faculdade de Ciências Humanas de Olinda – PE, com licenciaturas em Educação Especial e Orientação Educacional. Professora do Ensino Fundamental e Médio (Magistério) e coordenadora escolar de 1978 a 1990.

ZENEIDE SILVA

Cursou Pedagogia na Universidade Católica de Pernambuco, com licenciatura em Supervisão Escolar. Pós-graduada em Literatura Infantil. Mestra em Formação de Educador pela Universidade Isla, Vila de Nova Gaia, Portugal. Assessora Pedagógica, professora do Ensino Fundamental e supervisora escolar desde 1986.

1º ANO
ENSINO FUNDAMENTAL

GEOGRAFIA

4ª edição
São Paulo
2020

Coleção Eu Gosto Mais
Geografia 1º ano
© IBEP, 2020

Diretor superintendente	Jorge Yunes
Diretora adjunta editorial	Célia de Assis
Coordenadora editorial	Adriane Gozzo
Assessoria pedagógica	Valdeci Loch
Editora	Soraia Willnauer
Assistente editorial	Selma Gomes
Revisores	Denise Santos, Janaína Silva, Jaci Albuquerque e Cássio Pelin
Secretaria editorial e processos	Elza Mizue Hata Fujihara
Coordenadora de arte	Karina Monteiro
Assistente de arte	Aline Benitez, Juliana Freitas, Lye Longo Nakagawa
Assistentes de iconografia	Victoria Lopes, Irene Araújo e Ana Cristina Melchert
Ilustração	José Luís Juhas, Dawidson França, Mw Ed. Ilustrações, Lu Kobayashi, J. C. Silva/ M10, Anderson de Oliveira Santos, Fábio/Imaginário Studio, Eunice/Conexão, Imaginário Studio e Ulhôa Cintra
Assistente de produção gráfica	Marcelo Ribeiro
Projeto gráfico e capa	Departamento de Arte - Ibep
Ilustração da capa	Manifesto Game Studio/BoxEdea
Diagramação	ED5/Formato Comunicação

CIP-BRASIL. CATALOGAÇÃO-NA-FONTE
SINDICATO NACIONAL DOS EDITORES DE LIVROS, RJ

P32e
4. ed.

Passos, Célia
  Eu gosto mais : geografia : 1º ano : ensino fundamental / Célia Passos, Zeneide Silva. - 4. ed. - São Paulo : IBEP, 2020.
    : il.   (Eu gosto mais)

  ISBN 978-65-5696-010-4 (aluno)
  ISBN 978-65-5696-011-1 (professor)

1. Geografia - Estudo e ensino (Ensino fundamental). I. Silva, Zeneide. II. Título. III. Série.

20-64028
CDD: 372.891
CDU: 373.3.016:91

Meri Gleice Rodrigues de Souza - Bibliotecária CRB-7/6439
20/04/2020   22/04/2020

4ª edição – São Paulo – 2020
Todos os direitos reservados

Rua Gomes de Carvalho, 1306, 12º andar, Vila Olímpia
São Paulo - SP - 04547-005 - Brasil - Tel.: (11) 2799-7799
www.editoraibep.com.br editoras@ibep-nacional.com.br

APRESENTAÇÃO

Querido aluno, querida aluna,

Elaboramos para vocês a Coleção **Eu gosto m@is**, rica em conteúdos e atividades interessantes, para acompanhá-los em seu aprendizado.

Desejamos muito que cada lição e cada atividade possam fazer vocês ampliarem seus conhecimentos e suas habilidades nessa fase de desenvolvimento da vida escolar.

Por meio do conhecimento, podemos contribuir para a construção de uma sociedade mais justa e fraterna: esse é o nosso objetivo ao elaborar esta coleção.

Um grande abraço,

As autoras

SUMÁRIO

LIÇÃO   **PÁGINA**

1   Eu e os lugares onde vivo   **6**
- Convivência na moradia 8
- Outros lugares nos quais convivo 10
- Lugares diferentes daqueles dos quais convivo 12
- Todas as crianças comem as mesmas comidas? 13
- O modo de se vestir não é igual 15
- Eu cuido de um animal 18

2   Brincadeiras   **23**
- Conviver com as regras 27

3   Eu e os objetos ao meu redor   **36**
- Direita, esquerda 37
- Frente, atrás, entre, perto, longe 40

4   Minha moradia   **47**
- Tipos de moradia 49
- A construção da moradia 51
- Os espaços da moradia 53

5   Minha escola   **59**
- Os espaços da escola 61
- A sala de aula 62
- O meu lugar na sala de aula 62

LIÇÃO		PÁGINA
6	O caminho para a escola • Orientação no trânsito 79	72
7	As diferentes paisagens • A modificação da paisagem e os problemas ambientais .... 90 • As pessoas e as paisagens 90	86
8	As condições do clima e o meu dia a dia • As estações do ano 97	96

ALMANAQUE — 105
ADESIVOS — 113

LIÇÃO 1

Eu e os lugares onde vivo

Você provavelmente conhece bem o lugar onde mora, não é verdade? Sabe como é sua rua, sua moradia e qual é o caminho que faz para ir à escola.

Nas imagens a seguir são apresentados vários tipos de locais. Ruas com casas bem próximas umas das outras; ruas com prédios de apartamentos; ruas estreitas; ruas largas. Observe atentamente tudo que tem nesses lugares.

Rua com prédios de apartamentos.

Rua com casas bem próximas umas das outras.

Rua estreita de Olinda.

Rua larga na cidade de Santos, com prédios de apartamentos.

ATIVIDADES

1 O lugar onde você vive é parecido com algum das imagens?

☐ SIM.   ☐ NÃO.

2 Assinale as características do lugar onde você mora.

☐ TEM GRADES NAS JANELAS.   ☐ NÃO TEM GRADES NAS JANELAS.

☐ A RUA É ESTREITA.   ☐ A RUA É LARGA.

☐ ESCUTO PASSARINHOS CANTANDO.   ☐ NÃO ESCUTO PASSARINHOS CANTANDO.

☐ O LUGAR TEM BASTANTE BARULHO.   ☐ O LUGAR É SILENCIOSO.

☐ VEJO ÁRVORES DA JANELA DE ONDE MORO.   ☐ NÃO VEJO ÁRVORES DA JANELA DE ONDE MORO.

☐ POSSO BRINCAR NA RUA.   ☐ NÃO POSSO BRINCAR NA RUA.

☐ É UMA CASA.   ☐ É UM APARTAMENTO.

☐ É OUTRO TIPO DE MORADIA.

3 Desenhe o lugar onde você mora.

Convivência na moradia

O tipo de relação entre as pessoas que vivem nas diferentes moradias pode variar bastante.

Em algumas casas moram apenas os pais e seus filhos. Há famílias com grande número de filhos, mas também há famílias com apenas um filho.

Família composta por muitas pessoas.

Júlio mora com os pais. Eles se chamam Rebeca e Gustavo.

Há famílias que conseguem realizar diferentes atividades do dia a dia em conjunto, como ir ao mercado.

Algumas moradias podem ser compartilhadas por diferentes membros de uma mesma família ou até mesmo por pessoas de famílias diferentes.

1 Desenhe sua família.

2 Quais atividades você faz e gosta de realizar no lugar onde mora.

☐ BRINCAR.

☐ CONVIVER COM MEUS FAMILIARES.

☐ VER TELEVISÃO.

☐ FAZER AS REFEIÇÕES.

☐ FAZER MINHAS LIÇÕES DE CASA.

Outros lugares nos quais convivo

Além do lugar onde você mora, há outros nos quais você convive.

A escola, por exemplo, é um deles.

No espaço da escola, convivemos com várias pessoas: os professores, os amigos, as pessoas que trabalham lá.

Há também lugares que frequentamos e nos quais convivemos com outras pessoas, como parques, praças, áreas de lazer dos prédios.

Em cada um desses lugares fazemos atividades diferentes, conhecemos pessoas, convivemos com amigos.

ATIVIDADES

1 Que lugares você frequenta além de sua casa e de sua escola?

☐ PARQUE.

☐ PRAÇA.

☐ ÁREA DE LAZER DO PRÉDIO.

☐ CASA DOS FAMILIARES.

☐ CLUBE.

2 Nos locais que você frequenta, o que você costuma fazer?

☐ BRINCAR. ☐ PRATICAR ESPORTES.

☐ ESTUDAR. ☐ OUTRAS ATIVIDADES.

☐ COMER.

3 As pessoas que frequentam esses lugares nos quais você convive:

a) fazem as mesmas coisas que você?

☐ SIM. ☐ NÃO.

b) se vestem como você?

☐ SIM. ☐ NÃO.

c) se alimentam como você?

☐ SIM. ☐ NÃO.

Lugares diferentes daqueles dos quais convivo

Mas o nosso planeta é enorme e existem muitos lugares bem mais distantes de onde você mora. Existem outras cidades, outros estados, outros países.

Será que nesses lugares diferentes as pessoas têm os mesmos costumes que os seus? Será que as crianças comem as mesmas comidas que você? Será que elas se vestem como você? Brincam com os mesmos brinquedos?

Vamos descobrir.

Olhe estas imagens. O que elas mostram?

China, 2015.

Vietnã, 2014.

Nigéria, 2014.

Todas as crianças comem as mesmas comidas?

Cada país tem suas comidas típicas.

Comida típica é aquela a que o povo está acostumado e que é característica daquele lugar.

No Brasil, a comida típica é o arroz com feijão, acompanhado por uma "mistura", que pode ser carne, ovo ou legumes, por exemplo.

Em muitos países da Ásia, como Japão e China, o arroz é um alimento básico, que nunca pode faltar nas refeições. E existem países onde as pessoas raramente consomem arroz ou feijão, dando preferência para carnes, batatas, verduras e legumes.

Também na Ásia existe um país chamado Índia, onde as pessoas não comem carne de vaca, porque, para eles, esse animal é considerado uma divindade.

Prato de comida típica brasileira: arroz com feijão, um tipo de carne e salada.

Japão.

Inglaterra.

Índia.

Os tipos de comida variam de acordo com cada lugar do mundo.

Essas diferenças de lugar para lugar acontecem por causa da história de cada povo. Os hábitos alimentares foram se formando ao longo dos anos.

No Brasil, de uma região para outra, as comidas também variam muito. E a alimentação brasileira recebeu influência de muitos povos, quando pessoas de outros países vieram morar no nosso país.

As comidas e os pratos típicos variam de acordo com cada região do Brasil.

É muito importante que as crianças de todos os lugares aprendam a se alimentar de modo saudável. Elas precisam de comidas que ajudem no crescimento e na manutenção da saúde. Por isso, devem evitar comer muitos doces, alimentos gordurosos e aqueles pouco nutritivos, isto é, que não contêm vitaminas, minerais ou outros elementos importantes para o organismo.

Uma alimentação saudável deve incluir frutas, verduras e legumes.

O modo de se vestir não é igual

Assim como as comidas variam de um lugar para outro, o modo de se vestir também muda.

Há lugares no mundo onde faz muito frio no inverno, então as pessoas precisam usar roupas quentes, como casacos, suéteres de lã, calças, sapatos forrados e botas. Já em lugares onde sempre faz muito calor, mesmo no inverno, as pessoas usam roupas leves e frescas.

Crianças brincando em lugar frio. Moscou, Rússia, 2015.

Crianças brincando em lugar quente. Cidade do Panamá, Panamá, 2014.

No Brasil, um país muito extenso, há diferenças no modo de se vestir de uma região para outra, variando de acordo com o clima. No Norte, no Nordeste e no Centro-Oeste, as pessoas raramente usam roupas de frio, porque dificilmente as temperaturas são baixas. Já no Sudeste e no Sul, durante o inverno, pode fazer muito frio, obrigando as pessoas a se agasalharem mais.

No verão, é comum o lazer em rios e praias. Crianças indígenas da etnia Yawalapiti, Gaúcha do Norte, Mato Grosso, 2013.

No inverno, as crianças brincam também, porém estão sempre mais agasalhadas. Santa Maria, Rio Grande do Sul, 2014.

ATIVIDADES

1 Marque as frases corretas com um **X**.

☐ O MODO DE SE ALIMENTAR DAS PESSOAS PODE VARIAR DE UM LUGAR PARA OUTRO.

☐ O ARROZ COM FEIJÃO É UM PRATO APRECIADO EM TODOS OS PAÍSES DO PLANETA.

☐ TODAS AS PESSOAS PRECISAM SE ALIMENTAR BEM PARA TER SAÚDE.

☐ NA ÍNDIA, A POPULAÇÃO PREFERE PRATOS QUE TENHAM CARNE DE VACA.

2 Pense e responda: no Brasil, o modo de se alimentar é sempre o mesmo no país inteiro? Explique.

_____

_____

3 Pense nas comidas de que você mais gosta e escreva cinco exemplos.

_____

_____

4 Algum desses alimentos que você escreveu é um prato típico da sua região? Qual?

_____

5 Você leu que os hábitos alimentares das pessoas de um lugar são formados ao longo do tempo. No Brasil, aprendemos a comer muitas coisas diferentes com pessoas de outros países que vieram morar aqui. Será que você consegue descobrir a origem de cada uma das comidas citadas a seguir? Utilize os adesivos do final do livro e cole as palavras indicando corretamente o nome de cada comida e o povo que a trouxe para o nosso país.

FIGURA	NOME DA COMIDA	NOME DO POVO

ILUSTRAÇÕES: MW ED. ILUSTRAÇÕES

Eu cuido de um animal

Além de estudar, brincar, ajudar os parentes em casa, muitas crianças também cuidam de um animalzinho de estimação.

Você tem um animal de estimação? Qual é?

Os animais, há milhares de anos, não eram **domesticados**, isto é, não conviviam com os seres humanos. Mas, com o passar do tempo, as pessoas foram conquistando esses animais selvagens e eles passaram a conviver com os seres humanos: gatos, cachorros, cavalos, porcos, ovelhas.

Os gatos sempre foram importantes, porque cuidavam dos depósitos de cereais, impedindo que ratos e outros roedores atacassem a comida armazenada.

Os cães passaram a ajudar os seres humanos a caçar, a cuidar do gado e a defender as moradias de ataques de outros animais ou mesmo de ladrões.

Depois, quando esse tempo passou, os animais continuaram convivendo com as pessoas como amigos e companheiros.

Embora os animais de estimação normalmente sejam cachorros e gatos, há pessoas que cuidam de outras espécies: aves, porquinhos, *hamsters*, tartarugas.

Criança indígena da etnia Paikon com seu animal de estimação, Amapá, 2014.

Mas atenção! No Brasil, para ter certos animais em casa, como papagaios ou outras aves, a pessoa precisa de uma licença especial de um órgão chamado Ibama, que quer dizer Instituto Brasileiro do Meio Ambiente.

Ter um animal de estimação exige muita responsabilidade. O tutor do animal precisa cuidar de sua saúde, não pode maltratá-lo, tem de alimentá-lo direito etc.

Atualmente, existem leis contra quem maltrata animais. Essas pessoas cometem crimes e podem ser presas.

Criança brinca com cachorro, seu animal de estimação.

ATIVIDADES

1 Você tem animal de estimação? Qual é? Qual é o nome dele?

_____

_____

_____

2 Você conhece alguém que tem um animal de estimação diferente? Quem? Que animal é?

_____

_____

_____

3 Complete as frases com as palavras corretas.

| MALTRATAR | CUIDAR | ALIMENTAR |

a) Para ter um animal de estimação é preciso _____ dele.

b) Há leis que punem quem _____ animais.

c) Além de abrigo e água, é preciso _____ os animais de estimação.

4 Com a ajuda de seus familiares, pesquise na internet alguma lei contra maus-tratos de animais. Depois, em sala de aula, converse com seus colegas a respeito.

EU GOSTO DE APRENDER

Com o professor, leia o que você estudou nesta lição.

- Características do lugar onde vivo.

- Existem outros lugares nos quais convivo além de onde moro.

- Em cada lugar no qual convivo pratico atividades diferentes que caracterizam meu modo de viver.

- Existem modos diferentes de morar, de se vestir e de se alimentar em outros lugares do mundo.

- Comida típica é aquela característica de um lugar, como arroz com feijão no Brasil.

- As pessoas precisam ter hábitos alimentares saudáveis, isto é, comer coisas que fazem bem para a saúde.

- Muitas pessoas cuidam de animais de estimação, como gatos, cachorros, *hamsters*, tartarugas etc.

ATIVIDADES

1. Liste aquilo que você gosta do lugar onde vive.

_____
_____
_____
_____

2 Quais os outros lugares nos quais você convive de que você gosta? Por quê?

_____
_____
_____

3 Marque com um **X** tudo que varia de um lugar para outro, conforme os costumes de um povo.

- ☐ NECESSIDADE DE SE ALIMENTAR E DE DORMIR.

- ☐ MANEIRAS DE BRINCAR E BRINQUEDOS.

- ☐ MODOS DE SE VESTIR.

- ☐ NECESSIDADE DE AS CRIANÇAS ESTUDAREM.

- ☐ MODOS DE SE ALIMENTAR E GOSTO POR CERTAS COMIDAS.

4 Escreva o nome de dois povos que gostam muito de arroz.

_____
_____
_____

EU GOSTO DE APRENDER

Veja a tirinha do *Menino Maluquinho* a seguir.

1. O que o Menino Maluquinho quer fazer?

_____

2. É possível ter um animal de estimação onde ele mora?

☐ SIM.   ☐ NÃO.

3. O que a mãe do Menino Maluquinho responde para ele é uma regra?

☐ SIM.   ☐ NÃO.

4. Por que ele quer esconder o animal no "chapéu"?

_____

_____

5. Se o Menino Maluquinho ficasse com o animal, como seria a expressão da mãe dele:

☐   ☐   ☐   ☐

LIÇÃO 2

Brincadeiras

Observe as imagens.

As imagens mostram crianças realizando diversas atividades. Algumas delas estão relacionadas com atividades de rotina, como estudar, dormir, se alimentar. Outras, entretanto, têm a ver com um momento muito importante da infância: as brincadeiras, pois elas divertem.

Existem muitas brincadeiras que as crianças praticam. Elas podem brincar de bola, pega-pega, amarelinha, pular corda, formar figuras observando nuvens etc.

Veja quantas brincadeiras o artista Ricardo Ferrari pintou na tela a seguir.

Brincadeiras de criança (s.d.) de Ricardo Ferrari. Óleo sobre tela, 120 cm × 190 cm.

- Você conhece algumas das brincadeiras mostradas na pintura?

Muitas brincadeiras existem há muitos anos. Nós as aprendemos com quem convivemos, por exemplo, nossos pais, avós, primos, amigos e na escola.

Nossos pais nos ensinam muitas brincadeiras.

Também aprendemos a brincar com nossos amigos.

Existem brincadeiras que podemos fazer sozinhos; outras, com os colegas. Elas também podem acontecer na rua, nos parques, nas praças e também dentro de casa.

Criança brincando de fazer bolinha de sabão.

Meninas brincam de bambolê ao ar livre.

Crianças brincando de desenhar.

Às vezes uma brincadeira tem nomes diferentes de um lugar para outro. Por exemplo, papagaio, pandorga, arraia, cafifa ou pipa são alguns nomes que se dá, no Brasil, ao brinquedo feito de papel fino e varetas leves de madeira para formar uma estrutura colada, na qual se amarra um carretel de linha com a finalidade de fazê-la voar com o vento.

Criança empinando pipa.

Empinar pipa é uma brincadeira bem antiga e agrada às crianças e aos adultos também. Não é uma brincadeira que se pode fazer em todos os lugares, porque precisa de locais abertos, em que há a possibilidade de ventar e não exista obstáculos por perto – árvores, fiação elétrica etc. – para a pipa enroscar.

Todas as brincadeiras têm um jeito de brincar. Vamos conhecer uma brincadeira de perto.

Caracol

Como se brinca

Primeiro de tudo é preciso desenhar um caracol com giz no chão e dividi-lo em várias partes. Cada parte ou casa recebe um número. O jogador começa o trajeto pelo número 1 pulando com um pé só. O pé que ele escolher para apoiar no chão tem de ser o mesmo até o final. Ele tem de pular sem pisar na linha ou fora da casa.

O trajeto termina ao pular na última casa. Só então se pode colocar os dois pés no chão.

Desse ponto, o jogador volta até o começo, também pulando em um só pé cada casa.

Quem consegue ir e voltar sem pisar escolhe uma casa e desenha nela. Essa casa fica sendo dele e ninguém mais pode pisá-la. Isso significa que os outros jogadores terão de pular aquela casa para completar o percurso.

Quem pisar na linha ou fora da casa passa a vez para o seguinte.

O ganhador é aquele que consegue desenhar em um maior número de casas.

Esquema da brincadeira do caracol.

Assim como o caracol, outras brincadeiras também têm um jeito de brincar que seguem etapas e desafios que precisam ser cumpridos por quem brinca. Essas etapas e desafios são as chamadas **regras**.

As regras de uma mesma brincadeira podem variar de um lugar para outro. Na Alemanha, por exemplo, existe uma variação do esconde-esconde. Nela, apenas uma criança se esconde e as outras é que vão procurá-la. Mas não existe brincadeira sem regra, pois são elas que nos dizem como brincar.

Com as brincadeiras aprendemos a conviver com as regras.

Conviver com as regras

Além das brincadeiras, existem outras situações e lugares onde as regras também são importantes.

Na convivência com os colegas da escola.

Na escola.

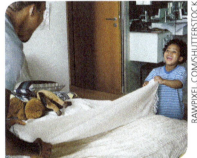
Na convivência em casa com os familiares.

Na convivência com os vizinhos.

Nos meios de transporte.

No trânsito.

Na escola precisamos seguir determinadas regras para a organização do lugar. Por isso existe o sinal para o começo das aulas, para a hora do intervalo e para o horário da saída. Existe ainda a formação de fila em determinadas situações.

No ambiente familiar também temos regras para seguir, pois são elas que garantem o respeito entre todos os membros da família.

Nos meios de transporte coletivo e no trânsito também seguimos regras. No trânsito, especialmente, as regras são fundamentais para que os veículos não colidam uns com os outros e não atropelem as pessoas.

ATIVIDADES

1 Observe as cenas e assinale o que você gosta de fazer.

2 Assinale as brincadeiras que você conhece.

☐ EMPINAR PIPA. ☐ CABO DE FORÇA.

☐ PULAR CORDA. ☐ ANDAR DE BICICLETA.

☐ AMARELINHA. ☐ CABRA-CEGA.

☐ ESCONDE-ESCONDE. ☐ FAZER CASTELO NA AREIA.

☐ JOGAR BOLA. ☐ *VIDEOGAME.*

☐ JOGO DE DAMAS. ☐ BOLINHA DE SABÃO.

3 Desenhe a brincadeira que você mais gosta de fazer?

4 Onde você mais gosta de brincar?

☐ DENTRO DE CASA. ☐ FORA DE CASA.

5 Escreva o nome de um amigo com quem você brinca sempre.

_____

6 Escreva o nome de um colega da escola com quem você gosta de brincar.

_____

7 Você conhece a história dos brinquedos? Siga as pistas e adivinhe quais são os brinquedos a seguir.

| BICICLETA | BOLA | BONECA | *VIDEOGAME* |

a) Ela tem duas rodas e pode ser de várias cores. Foi inventada por Leonardo da Vinci e as primeiras eram feitas de madeira.

_____

b) Com esse brinquedo temos acesso a jogos eletrônicos. O primeiro deles foi inventado em 1968 nos Estados Unidos.

c) É um dos brinquedos mais antigos que existe. Pode ser de papel, plástico, couro, tecido e muitos outros materiais. É usado em vários jogos, inclusive no futebol.

_____

d) Pode ser feita de pano, palha de milho, plástico, vinil etc. Antigamente era feita de louça.

_____

8 As regras são importantes nas brincadeiras?

☐ SIM. ☐ NÃO.

9 Em que outras situações as regras devem ser respeitadas? Marque com um **X**.

☐ AO ATRAVESSAR A RUA.

☐ AO PEDIR A VEZ DE FALAR.

☐ AO PRATICAR ESPORTES.

☐ AO VESTIR A ROUPA.

☐ AO ACORDAR PELA MANHÃ.

☐ AO IR DORMIR.

☐ AO ESCOVAR OS DENTES.

10 Encontre no diagrama o nome dos brinquedos e das brincadeiras do quadro.

PEGA-PEGA

SKATE

XADREZ

GUDE

AMARELINHA

CABRA-CEGA

PIPA

A	I	N	K	O	H	C	R	I	P	A	Z
X	A	D	R	E	Z	A	P	H	C	M	B
S	L	G	U	B	G	B	T	P	N	A	O
U	P	R	Z	Q	S	R	D	I	O	R	V
J	G	U	D	E	M	A	X	P	Z	E	I
M	S	D	J	K	U	-	E	A	T	L	A
F	X	L	B	T	R	C	T	H	U	I	G
P	E	G	A	-	P	E	G	A	X	N	J
A	Q	M	E	R	V	G	V	K	F	H	Q
L	N	F	C	S	K	A	T	E	X	A	C

11 Vamos identificar as brincadeiras? Observe as imagens e escreva que brincadeiras as crianças estão fazendo.

EU GOSTO DE APRENDER

Nesta lição você estudou:

- As brincadeiras são um momento de diversão.
- Aprendemos a brincar com quem convivemos.
- Existem brincadeiras individuais e coletivas.
- Há lugares específicos para cada tipo de brincadeira.
- Uma mesma brincadeira pode ter nomes ou regras diferentes de um lugar para outro.
- Todas as brincadeiras têm regras.
- Existem outras situações em que as regras são necessárias, como no convívio familiar, na escola, no trânsito.

ATIVIDADES

1. De que brincadeira você gosta e queria brincar mais?

_____

2. Assinale com um **X** o que você considera uma regra:

   a) JOGAR LIXO NO LIXO. ☐

   b) PEDIR EMPRESTADO UMA COISA A UM COLEGA. ☐

   c) DIZER POR FAVOR QUANDO QUER QUE ALGUÉM LHE FAÇA UMA COISA. ☐

   d) FALAR OBRIGADO QUANDO ALGUÉM LHE FAZ UMA COISA. ☐

Brincadeiras indígenas

As crianças indígenas conhecem muitas brincadeiras divertidas. Para muitas delas, os meninos e as meninas fazem os brinquedos, como piões, petecas, bonecas, arco e flecha, entre outros.

As crianças dos diversos povos indígenas podem brincar sozinhas ou em grupo. Brincadeiras em grupo são sempre mais divertidas, como a briga de galo, por exemplo, que é assim: duas duplas se enfrentam dentro da água de um rio, lagoa ou mar. Um indígena carrega outro. Os que são "carregados" tentam derrubar o adversário. Ganha a dupla que consegue. O final do jogo é sempre com muita água espirrada e muito riso da criançada!

Essa brincadeira é muito imitada por crianças não indígenas, em piscinas ou no mar.

Foto de crianças indígenas da etnia Guarani Mbyá brincando em grupo, São Paulo, 2011.

ATIVIDADES COMPLEMENTARES

1. Qual é o assunto desse texto?

   _____
   _____

2. Qual é o nome da brincadeira indígena citada no texto?

   _____
   _____

3. Essa brincadeira indígena é feita na água ou em terra firme?

   _____
   _____

LEIA MAIS

O JOGO DA ONÇA E OUTRAS BRINCADEIRAS INDÍGENAS

ANTÔNIO BARRETO; MAURÍCIO DE ARAÚJO LIMA. SÃO PAULO: PANDA BOOKS, 2005.

QUATRO AMIGOS QUEREM SABER COMO AS CRIANÇAS INDÍGENAS SE DIVERTEM E VIAJAM PELO BRASIL PARA DESCOBRIR. O JOGO DA ONÇA É UM JOGO DE TABULEIRO E VEM COM O LIVRO, ASSIM COMO AS PEÇAS E AS REGRAS.

Eu e os objetos ao meu redor

Olhe para os lados. Você deve ter visto uma porção de coisas: seu professor, seus colegas, as paredes, as carteiras e outros objetos de sua sala de aula.

E você consegue saber a posição de cada um a partir do lugar onde está, ou seja, a partir da localização do seu corpo.

JOSÉ LUÍS JUHAS

ATIVIDADES

1. Escreva o nome de três objetos que estão ao seu redor.

_____

_____

2. Em que posição estão esses objetos: atrás de você, na sua frente ou em um dos lados? Qual lado?

_____

_____

Direita, esquerda...

Todos nós temos um corpo. E nosso corpo tem dois lados: o **lado direito** e o **lado esquerdo**. Quer ver? Então, olhe-se no espelho.

Agora, que tal conhecer os dois lados de seu corpo? É só seguir as instruções do professor:

- coloque a mão direita em sua orelha esquerda;
- feche o olho esquerdo;
- coloque sua mão esquerda sobre o joelho direito;
- cruze sua perna direita sobre a perna esquerda.

ATIVIDADES

No espaço a seguir, faça o contorno da mão com a qual você escreve.

- Agora, responda: para escrever, você utiliza a mão:

☐ DIREITA. ☐ ESQUERDA.

No dia a dia, você observa diferentes pessoas, objetos, locais etc. É possível saber onde eles estão, dependendo da posição deles em relação a você. Veja os exemplos a seguir.

ATIVIDADE

Observe as crianças a seguir.

ANA. PEDRO. CARLA. JOÃO.

Do seu ponto de vista, responda:

a) Quem está à **esquerda** de **João**?

___

b) Quem está à **direita** de **Ana**?

___

c) Quem está à **esquerda** de **todos**?

___

d) Quem está à **direita** de **todos**?

___

e) Quem está à **direita** de **Pedro**?

___

Frente, atrás, entre, perto, longe...

Além de direita e esquerda, há outras formas de indicar a posição dos objetos, das construções, das pessoas etc. Veja alguns exemplos.

Na imagem acima, podemos observar que
- Júlio está **à frente** de Bia.
- A janela está **atrás** de Bia.
- Laura está **acima** de Bia e de Júlio.
- A estante de livros e brinquedos está **embaixo** de Laura.

ATIVIDADES

1. Que outras posições você consegue observar na imagem?

_____
_____
_____
_____

2 Agora, veja esta cena.

Nela, você pode indicar a posição das coisas de outra forma.
- O poste está **entre** o menino e o cachorro.
- A casa 17 está **perto** das árvores.
- A casa 21 está **longe** das árvores.

Como você observou, há diferentes formas de indicar a posição das pessoas, dos objetos, das construções etc.

Quanto mais informações disponíveis sobre a posição das coisas, maior é a facilidade de localizá-las.

3 Continue observando a cena e complete as frases.

a) O banco está _____ (**perto/longe**) da casa 17.

b) O cachorro está _____ (**perto/entre**) as casas 17 e 21.

c) O menino está _____ (**perto/longe**) da casa 17.

4 Adivinhe quem é?

ANA   IVO   HUGO   LIA   ANDRÉ   LAÍS

a) Do seu ponto de vista, quem está à **direita** de **Ivo**?

b) Do seu ponto de vista, quem está **no canto esquerdo**?

c) Do seu ponto de vista, quem está à **esquerda** de **Laís**?

d) Do seu ponto de vista, quem está à **direita** de **Hugo**?

e) Do seu ponto de vista, quem está à **esquerda** de **Lia**?

EU GOSTO DE APRENDER

Acompanhe a leitura do que você aprendeu nesta lição.

- Nosso corpo tem lado direito e lado esquerdo.

- Os objetos e as pessoas podem ficar na frente, atrás, perto ou longe a partir da localização de determinado ponto.

- Também podemos ficar dentro ou fora de algum lugar.

- E também podemos ficar entre duas pessoas, entre dois objetos etc.

ATIVIDADES

1. Sigam o comando do professor.

   a) Levantem o braço direito!

   b) Levantem o braço esquerdo!

   c) Apontem o quadro de giz em frente!

   d) Virem-se para trás!

2. Observe seus colegas e escreva o nome daquele que

   a) está mais **perto** de você.

   _____

   b) está mais **longe** de você.

   _____

3 Coloque três objetos de sua mochila sobre a carteira, bem alinhados. Responda às questões a seguir.

a) Qual objeto está à **esquerda**?
_____

b) Qual objeto está à **direita**?
_____

c) Qual objeto ficou **entre** o da esquerda e o da direita?
_____

4 Leia estes versos e depois responda às questões:

> TIREI O SAPATO DIREITO,
> TIREI A MEIA DIREITA,
> TIREI O SAPATO ESQUERDO,
> TIREI A MEIA ESQUERDA.
>
> CALCEI O SAPATO DIREITO... UI, ERREI,
> POIS O SAPATO DIREITO
> FOI PARA O PÉ ESQUERDO!
>
> CALCEI A MEIA DIREITA
> E DESTA VEZ ACERTEI,
> POIS O PÉ DIREITO
> ESTAVA SEM O SAPATO DIREITO
>
> UI, QUE CONFUSÃO!

a) Qual foi o erro do personagem?
_____

b) Qual foi o acerto do personagem?
_____

EU GOSTO DE APRENDER +

O que é ser canhoto?

Você escreve com a mão direita ou com a mão esquerda?
Se você escreve com a mão direita, você é **destro**.
Se você escreve com a mão esquerda, você é **canhoto**.

Há pessoas que conseguem fazer tudo tanto com a mão direita como com a mão esquerda. Elas são chamadas pessoas **ambidestras**.

No passado, as pessoas canhotas precisavam aprender a fazer tudo com a mão direita, porque usar a mão esquerda era considerado errado. Atualmente, não se pensa mais assim, e os canhotos, inclusive, já têm certos objetos feitos especialmente para eles, como tesoura e *mouse*.

ATIVIDADES COMPLEMENTARES

1. Marque com um **X** a frase certa.

☐ QUEM ESCREVE COM A MÃO DIREITA É CANHOTO.

☐ ANTIGAMENTE AS PESSOAS CANHOTAS TINHAM DE APRENDER A USAR A OUTRA MÃO.

☐ JÁ EXISTEM OBJETOS FEITOS PARA CANHOTOS.

☐ NINGUÉM CONSEGUE FAZER COISAS COM AS DUAS MÃOS DA MESMA MANEIRA.

2 Vamos colorir? Observe os desenhos e pinte o que for solicitado.

a) Pinte o cachorrinho que está de **costas**.

b) Pinte a casa que está **entre** a casa da direita e a da esquerda.

LEIA MAIS

À ESQUERDA, À DIREITA

JIMMY LIAO. SÃO PAULO: EDIÇÕES SM, 2012.

UM CASAL DE JOVENS QUE NUNCA SE ENCONTRA NA CIDADE: UM SEMPRE VAI À DIREITA, O OUTRO SEMPRE VAI À ESQUERDA...

Minha moradia

Com a ajuda do professor, leia o poema a seguir.

A TARTARUGA

A SENHORA TARTARUGA
POSSUI CASA E MOBÍLIA,
UMA HERANÇA DE FAMÍLIA
QUE NÃO VENDE NEM ALUGA.

PARA ELA NÃO TEM PREÇO
QUE PAGUE O QUE TANTO GOSTA,
E ATÉ CARREGA NAS COSTAS
PRA NÃO PERDER O ENDEREÇO.

NUNCA TEVE UMA GOTEIRA,
NÃO PRECISA DE PINTURA
SEM NENHUMA RACHADURA,
DURA MAIS QUE A VIDA INTEIRA.

DESSA FORMA, A TARTARUGA
AOS PEDIDOS NÃO ATENDE:
SUA CASA ELA NÃO VENDE,
NÃO EMPRESTA E NÃO ALUGA.

MARIA AUGUSTA DE MEDEIROS. *O QUINTAL DE SÃO FRANCISCO*: POESIAS PARA AS CRIANÇAS. SÃO PAULO: PAULINAS, 2004. (COLEÇÃO ESTRELA).

ATIVIDADES

1 Quais são as semelhanças entre a casa da senhora Tartaruga e a casa onde você vive?

_____

_____

2 E quais são as diferenças entre a casa da senhora Tartaruga e sua casa?

_____

_____

3 Desenhe sua moradia.

Tipos de moradia

A moradia também é chamada casa, residência ou lar.

Todas as pessoas precisam de **moradia**, pois é um lugar de proteção contra o frio, o calor, a chuva e alguns perigos.

Nela, as pessoas descansam, se alimentam, tomam banho, se divertem e convivem com os familiares.

As moradias podem ser bem diferentes: grandes, pequenas, novas, antigas, localizadas na cidade ou no campo. Que tal conhecer algumas delas?

Foto de moradia térrea. Rio Grande do Norte, 2014.

A moradia de dois andares é conhecida como sobrado. São Paulo, 2011.

Foto de moradia de população ribeirinha, que vive nas margens de rios. Amazonas, 2014.

Foto de moradia indígena, s.l., s.d.

Foto de moradias com mais de dois andares são conhecidas como prédios ou edifícios. Goiás.

Foto de moradias em área rural. Rio Grande do Sul, 2014.

Foto de autoconstruções – são moradias que, geralmente, ocupam áreas irregulares ou de risco. Rio de Janeiro, 2013.

Foto de casa de pau a pique, cujas paredes são feitas de trama de ripas cobertas de barro. Paraíba, 2011.

ATIVIDADES

Como é sua moradia? Marque com um **X** as alternativas com características encontradas em sua moradia.

- ☐ MODERNA.
- ☐ ANTIGA.
- ☐ PEQUENA.
- ☐ GRANDE.
- ☐ AREJADA.
- ☐ ILUMINADA.
- ☐ SILENCIOSA.
- ☐ LIMPA.

2 O que tem em volta de sua moradia?

- [ ] MUITOS VIZINHOS.
- [ ] QUINTAL.
- [ ] POUCOS VIZINHOS.
- [ ] GARAGEM.
- [ ] VARANDA.
- [ ] ÁRVORES.

3 Qual das moradias das páginas anteriores é mais parecida com a sua?

A construção da moradia

As moradias são construídas em diversos lugares, com materiais e formas diferentes. Por exemplo: nas grandes cidades, onde os espaços são muito caros, é comum a construção de prédios residenciais em que há muitos apartamentos.

Os indígenas e as pessoas que vivem no campo costumam fazer suas moradias com materiais que encontram na natureza.

Tijolos, blocos de concreto, madeira, barro amassado, palha, vidro, ferro e cimento são alguns materiais utilizados nessas construções.

Para que a moradia garanta proteção e conforto a seus moradores, ela deve estar adequada às características do lugar em que for construída.

As famílias que moram às margens dos rios constroem suas moradias sobre **estacas**. Desse modo, elas evitam que as águas invadam suas casas na época das cheias dos rios. Foto de palafita localizada à margem do Rio Amazonas.

Em regiões do planeta onde há ocorrência de neve, as moradias têm os telhados bem inclinados. Com isso, a neve não acumula, evitando sobrecarga nos telhados. Na foto, casa localizada nos Alpes Suíços, s.d.

Nas áreas desérticas, as famílias moram em tendas feitas de tecido montadas próximas de **oásis**. Quando a água acaba, as moradias são desmontadas e levadas para outra região com água. Na foto, acampamento **berbere** localizado no Deserto do Saara, na África.

VOCABULÁRIO

estaca: peça de madeira cravada no solo que serve de suporte para uma construção.
oásis: pequenas regiões do deserto onde se encontra água.
berbere: povo que vive em áreas desérticas no Norte da África.

O povo Korowai, que vive na Ilha Papua-Nova Guiné, na Oceania, utiliza os materiais encontrados na natureza para construir suas moradias. Na foto, casa tradicional Korowai, erguida a 35 metros de altura.

ATIVIDADE

Observe os materiais a seguir. Faça um círculo em volta daqueles que foram usados na construção de sua moradia.

MADEIRA. TIJOLO. BLOCOS DE CONCRETO. TINTA.

TELHA. VIDRO. CIMENTO. VIGA DE FERRO.

Os espaços da moradia

Em geral, as moradias são divididas em cômodos. Cada cômodo é destinado a um tipo de uso e, por isso, tem seus móveis, objetos e utensílios.

Observe na imagem a seguir os cômodos que estão presentes na maioria das casas.

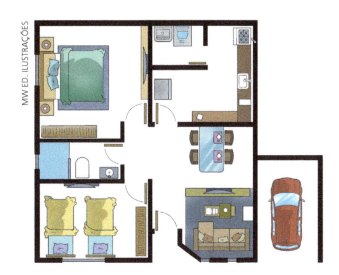

ATIVIDADES

1. Leia o poema a seguir e responda às questões.

A CASA E SEU DONO

ESSA CASA É DE CACO
QUEM MORA NELA É O MACACO.
ESSA CASA É TÃO BONITA
QUEM MORA NELA É A CABRITA.
ESSA CASA É DE CIMENTO
QUEM MORA NELA É O JUMENTO.
ESSA CASA É DE TELHA
QUEM MORA NELA É A ABELHA.
ESSA CASA É DE LATA
QUEM MORA NELA É A BARATA.
ESSA CASA É ELEGANTE
QUEM MORA NELA É O ELEFANTE.
E DESCOBRI DE REPENTE
QUE NÃO FALEI EM CASA DE GENTE.

ELIAS JOSÉ. *CAIXA MÁGICA DE SURPRESA.*
19. ED. SÃO PAULO: PAULUS, 1997. P. 9.

VOCABULÁRIO

caco: pequeno pedaço de cerâmica ou de outro material utilizado no revestimento de paredes e pisos.

a) Quais palavras usadas para descrever as casas dos animais também podem descrever casa de gente?

_____

_____

b) Quais palavras do poema você usaria para descrever sua moradia?

_____

_____

2 Procure em jornais ou revistas imagens de tipos de moradia no Brasil. Recorte-as e cole-as a seguir.

EU GOSTO DE APRENDER

Leia o que você estudou nesta lição.

- O lugar onde vivemos é a nossa moradia.
- Existem vários tipos de moradia: apartamentos em prédios, casas térreas, casas em sítios e fazendas, casas de madeira, casas de palafita etc.
- A moradia é um direito que toda pessoa tem.

ATIVIDADES

1 Marque com **X** tudo o que sua moradia tem.

☐ ESCADA.

☐ QUINTAL.

☐ PAREDES DE MADEIRA.

☐ PAREDES DE TIJOLOS.

☐ PALAFITA.

2 Associe as colunas.

PALAFITA	EXISTE MAIS EM BAIRROS E CIDADES PEQUENAS.
OCA	MORADIA DENTRO DE UM PRÉDIO.
CASA TÉRREA	MORADIA INDÍGENA.
APARTAMENTO	MORADIA CONSTRUÍDA SOBRE ESTACAS DENTRO DA ÁGUA.

EU GOSTO DE APRENDER +

Modos diferentes de construir moradias

Tanzânia, 2014.

Etiópia, 2014.

Albânia, 2015.

Mongólia, 2014.

Nem todos os povos constroem casas e apartamentos do modo como conhecemos.

Você já viu que os povos indígenas constroem ocas, por exemplo.

Outros povos fazem diferentes tipos de moradia. Povos africanos fazem habitações de barro, de troncos de árvores, de palha... E existem povos que usam tendas como moradias, como o povo tuaregue, que vive no Norte da África, e os mongóis, que vivem em um país asiático chamado Mongólia.

No Brasil, o povo cigano costuma morar em tendas, embora muitas de suas famílias já prefiram casas e apartamentos.

ATIVIDADES COMPLEMENTARES

1 Marque com um **X** a frase que informa sobre o que fala esse texto.

☐ OS INDÍGENAS CONSTROEM CASAS DE BARRO.

☐ HÁ POVOS QUE NÃO CONSTROEM CASAS DO MODO COMO AS CONHECEMOS.

☐ OS CIGANOS E OS MONGÓIS NÃO MORAM MAIS EM TENDAS.

☐ SOMENTE NA ÁFRICA AS PESSOAS MORAM EM TENDAS.

2 Pense e responda: de que material podem ser feitas as tendas?

_____

_____

LEIA MAIS

CADA UM MORA ONDE PODE

ZIRALDO ALVES PINTO. SÃO PAULO: MELHORAMENTOS, 2005.

O BICHINHO DA MAÇÃ FALA COMO MORAM SEUS AMIGUINHOS.

Minha escola

A escola é o lugar onde estudamos, aprendemos muitas coisas e conhecemos pessoas novas: o diretor, o professor, os colegas de turma etc.

A poesia a seguir descreve o dia a dia em uma escola.

A ESCOLA

TODO DIA,
NA ESCOLA,
A PROFESSORA,
O PROFESSOR,
A GENTE APRENDE,
E BRINCA MUITO
COM DESENHO,
TINTA E COLA.
MEUS AMIGOS
TÃO QUERIDOS
FAZEM FARRA,
FAZEM FILA.
O PAULINHO,
O PEDRÃO,
A PATRÍCIA
E A PRISCILA
QUANDO CHEGA
O RECREIO
TUDO VIRA
BRINCADEIRA.
COMO O BOLO,
TOMO O SUCO
QUE VEM DENTRO DA
LANCHEIRA.
QUANDO TOCA
O SINAL,
NOSSA AULA
CHEGA AO FIM.
ATÉ AMANHÃ,
AMIGUINHOS,
NÃO SE ESQUEÇAM, NÃO,
DE MIM.

CLÁUDIO THEBAS. *AMIGOS DO PEITO*. BELO HORIZONTE: FORMATO, 1996. P. 8-9.

Você tem muitos amigos na escola?

Cada escola é diferente da outra. Umas são grandes, outras, pequenas. Em algumas, os alunos usam uniforme, em outras, não.

Algumas escolas são **públicas**, ou seja, mantidas pelo governo, e não é necessário pagar mensalidade. Outras são **particulares**: para estudar nelas é preciso pagar mensalidade.

Foto de escola indígena no Rio Grande Sul, 2014.

Foto de escola quilombola no Amapá, 2014.

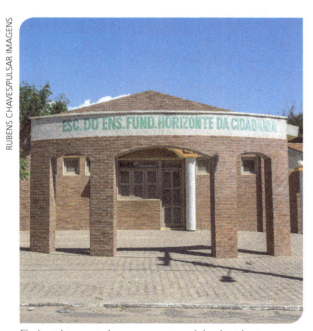
Foto de escola em comunidade de pescadores no Ceará, 2014.

Foto de colégio em Minas Gerais, 2014.

Os espaços da escola

Na escola, existem **espaços** para várias atividades.

Diretoria, secretaria, salas de aula, banheiros e pátio são alguns espaços que existem na escola.

Algumas escolas também têm laboratórios, cantina, ginásio de esportes com quadras e piscinas, teatro, além de serviços médicos, como enfermaria e sala de dentista.

Veja alguns destes espaços:

Cantina.

Biblioteca.

ILUSTRAÇÕES: JOSÉ LUÍS JUHAS

No Brasil, todas as crianças devem ir para a escola obrigatoriamente no ano em que completam 6 anos.

A sala de aula

A **sala de aula** é o espaço que você compartilha com os colegas e com o professor. Nela, os alunos fazem as mais variadas atividades escolares.

As salas de aula são diferentes umas das outras. Existem salas amplas e salas pequenas. Algumas têm móveis, como estantes e mesas, outras têm apenas os locais para as crianças e para o professor se sentarem.

Sala de aula da Escola Municipal Oscar Agner, Pancas, Espírito Santo, 2015.

Sala de aula da Escola Municipal Vicência Castelo, Tibau do Sul, Rio Grande do Norte, 2013.

O meu lugar na sala de aula

Os alunos, o professor e os objetos ocupam **posições** diferentes na sala de aula.

O lugar de cada aluno pode ser na parte da frente ou de trás da sala, perto ou longe da mesa do professor. Onde é sua posição na sala de aula?

ATIVIDADES

1. Cite duas atividades que você gosta de fazer em sala de aula.

   _____

   _____

2. Observe a ilustração de uma sala de aula.

   a) Quem está na **frente** de **João**? _____

   b) E **atrás**? _____

   c) Há alguém do lado **direito** de **João**? Quem? _____

   d) E do lado **esquerdo** de **João**? _____

Representando os espaços da escola

Podemos observar uma pessoa, um objeto e até mesmo um local de diferentes posições e representá-los no papel.

O menino está olhando a carteira em que ele se senta na escola. Observe como ele vê a carteira de diferentes posições.

Nesta cena, o menino está vendo a carteira de frente.

Nesta cena, o menino está vendo a carteira de cima para baixo.

Nesta cena, o menino está vendo a carteira do alto e de lado.

A visão de frente é chamada **visão frontal**.
A visão do alto, de cima para baixo, é a **visão vertical**.
A visão do alto e de lado é chamada **visão oblíqua**.

ATIVIDADE

Observe novamente as cenas anteriores e marque com um **X** a resposta correta.

a) Em todas as cenas é sempre a mesma criança e a mesma carteira?

☐ SIM.   ☐ NÃO.

b) A criança muda de posição nas cenas?

☐ SIM.   ☐ NÃO.

Direitos e deveres da escola

Na escola, por exemplo, os funcionários têm os seguintes **direitos**:
- ser respeitados;
- trabalhar em um ambiente limpo e seguro;
- receber o material necessário para seu trabalho;
- receber um salário justo.

Por outro lado, os funcionários devem cumprir seus **deveres**:
- respeitar os alunos e os demais funcionários;
- conhecer bem seu trabalho;
- cooperar para o bom funcionamento da escola;
- ser responsável pelo trabalho. Ser pontual e não faltar sem um motivo justo.

Direitos e deveres dos alunos

Os alunos de uma escola também devem conhecer seus direitos e deveres.

Os **direitos** dos alunos são:
- ser respeitados;
- ter segurança;
- receber ensino e educação de qualidade;
- ter professores competentes;
- dar opiniões;
- ter um lugar na sala de aula;
- ter um local para brincar;
- ter uma escola limpa e agradável.

São **deveres** dos alunos:
- respeitar e tratar bem os colegas e os funcionários que trabalham na escola;
- estudar e fazer as lições;
- cuidar do material escolar;

- ir à escola todos os dias;
- ser pontual;
- zelar pela limpeza e pela conservação da escola.

ATIVIDADE

Na escola, você também convive com outras pessoas, aprende a fazer seus direitos serem respeitados e entende que tem deveres importantes a cumprir.

Na lista a seguir estão alguns itens que são permitidos na escola e os que não são. Complete a lista com outros itens, inclusive as regras combinadas entre seu professor e a turma.

a) Na escola é permitido:

1. Ir à escola todos os dias.
2. Ser pontual.
3. Prestar atenção às aulas
4. _____
5. _____
6. _____

b) Na escola não é permitido:

1. Desrespeitar os colegas.
2. Sujar as dependências da escola.
3. Não estudar.
4. _____
5. _____
6. _____

EU GOSTO DE APRENDER

Leia com o professor o que você estudou nesta lição.

- A escola é o lugar de aprender e de conhecer outras pessoas.

- Há muitos tipos de escola: grandes e pequenas, no campo e na cidade.

- As escolas têm várias dependências, como sala de aula, pátio, sala do diretor, cantina etc.

- Na sala de aula, o aluno pode sentar-se à frente ou atrás. Ele pode ficar perto ou longe da mesa do professor.

- Os alunos têm direitos, como o de estudar e de ser respeitados, ter uma sala de aula apropriada etc.

- Os alunos têm deveres: chegar no horário às aulas, respeitar os colegas, o professor e os funcionários, fazer as lições de casa etc.

ATIVIDADES

1 Sublinhe o que você faz na escola.

a) Estudo com meus colegas.

b) Durmo em uma cama só minha.

c) Pratico esportes no pátio e nas aulas de Educação Física.

d) Como lanche na cantina.

e) Guardo meus brinquedos em um guarda-roupas.

2 Qual é a sua posição na sala de aula? Complete com uma das palavras sugeridas.

a) Eu me sento _____ (na frente / no meio / atrás).

b) Na minha frente está _____ (um colega / a mesa do professor / o quadro de giz).

c) Atrás de mim senta-se _____ (um menino / uma menina / ninguém).

3 Observe a fotografia abaixo que mostra uma escola indígena. Depois, responda às perguntas.

Foto de escola indígena em Amambai, Mato Grosso do Sul, 2012.

a) Qual é o nome da escola?

_____

b) Onde fica essa escola?

_____

c) Os alunos indígenas pertencem a qual povo?

_____

EU GOSTO DE APRENDER +

Ser cidadão é ter direitos e cumprir deveres

Dever de jogar o lixo na lixeira.

Dever de atravessar a rua na faixa de pedestres.

Direito à alimentação adequada.

Direito à habitação.

Assim como na escola, também na sociedade as pessoas têm direitos e deveres.

Temos o direito de ser respeitados e tratados com educação.

As pessoas com mais de 60 anos têm direitos como prioridade nas filas e assentos especiais nos transportes públicos.

Temos o dever de pagar impostos. Temos o dever de respeitar as leis da cidade, do estado e do município.

Esse conjunto de direitos e deveres que toda pessoa tem se chama **cidadania**.

Ser cidadão é ter direitos respeitados e cumprir todos os deveres.

ATIVIDADES COMPLEMENTARES

1 Marque com um **X** o assunto do texto da página anterior.

☐ DIREITOS E DEVERES DE PESSOAS FORA DO BRASIL.

☐ EXPLICAÇÃO DO QUE É CIDADANIA.

☐ LISTA DE TODOS OS DIREITOS DE UMA PESSOA.

☐ EXPLICAÇÃO DOS DEVERES DE UM ALUNO DENTRO DA ESCOLA.

2 Assinale o quadrinho onde aparece um direito sendo respeitado.

ILUSTRAÇÕES: MW ED. ILUSTRAÇÕES

3 Marque com um **X** o que é dever de um cidadão.

☐ TER UMA CASA PARA MORAR.

☐ PAGAR IMPOSTOS.

☐ RESPEITAR AS LEIS.

☐ RECEBER APOSENTADORIA.

4 Você está andando por uma rua e ao mesmo tempo está comendo um chocolate. Quando termina de comer, o que faz com o papel da embalagem? Marque com um **X** a atitude correta.

☐ JOGA DISFARÇADAMENTE NO MEIO DA RUA.

☐ CONTINUA SEGURANDO ATÉ ACHAR UMA LATA DE LIXO.

☐ JOGA NA CALÇADA MESMO, PORQUE LOGO ELA SERÁ VARRIDA.

☐ JOGA EM ALGUM BURACO ONDE NINGUÉM VEJA.

5 Complete a frase para ter uma definição de cidadania.

Cidadania é o conjunto de _____ e _____ que as pessoas têm.

LEIA MAIS

POESIA PELA CIDADANIA

ODETE RODRIGUES BARAÚNA. SÃO PAULO: SCIPIONE. (COLEÇÃO DÓ-RÉ-MI-FÁ).

O PEQUENO LEITOR APRENDERÁ NOÇÕES BÁSICAS DE CONDUTA SOBRE MEIO AMBIENTE, RELAÇÕES PESSOAIS, REGRAS DE TRÂNSITO...

LIÇÃO 6

O caminho para a escola

Observe o caminho que Flávio faz para ir de casa à escola. Flávio vai para a escola de ônibus escolar. Ele mora na cidade. No caminho, ele passa por subidas e descidas. Ele vê edifícios, casas e, próximo da escola, uma padaria e uma loja que estão sempre ali.

Maria Clara vai à escola de carroça, com seu pai e seu irmão.

Ela mora no campo, em um lugar com muitas plantações. O lugar é plano e, ao longe, é possível observar alguns morros e elevações.

No caminho, Maria Clara vê muitos animais, árvores e outras plantas que já estão ali há muito tempo, bem antes do pai de seu pai comprar um pequeno sítio e mudar-se com a família.

Ela também encontra casas, uma mercearia, um ponto de ônibus e algumas pessoas andando pela estrada.

Sítio é uma propriedade localizada no campo, onde se cultivam produtos e se criam animais. Você já visitou um sítio?

ATIVIDADES

1 Complete as frases.

a) Flávio vai à escola. No caminho ele vê:

_____

_____

b) Maria Clara, no seu caminho para a escola, vê:

_____

_____

2 Pelo que Flávio e Maria Clara observam no caminho para ir à escola, eles conseguem identificar o trajeto que estão fazendo?

☐ SIM. ☐ NÃO.

3 O que ajudaria Flávio e Maria Clara a identificarem o caminho que fazem para a escola.

_____   _____

_____   _____

_____   _____

O que Flávio e Maria Clara observam no caminho para a escola são chamados **pontos de referência**. Os pontos de referência ajudam a nos localizarmos no dia a dia. Algumas coisas não podem ser consideradas pontos de referência, porque não estão sempre no mesmo lugar, por exemplo um carrinho de sorvete, carros estacionados, animais etc.

ATIVIDADES

1. Assinale aquilo que pode ser um ponto de referência.

    ☐ BANCO.

    ☐ CACHORRO.

    ☐ CARROS ESTACIONADOS.

    ☐ FARMÁCIA.

    ☐ PADARIA.

    ☐ PESSOAS CIRCULANDO NAS RUAS.

    ☐ PLACA DE TRÂNSITO.

    ☐ PONTO DE ÔNIBUS.

    ☐ PRAÇA.

    ☐ VENDEDOR AMBULANTE.

2 A ilustração a seguir mostra onde mora João e onde fica sua escola.

a) Identifique onde mora João e onde está a escola.

b) Trace na ilustração o percurso que João precisa fazer para chegar à escola.

c) Quais podem ser os pontos de referência para João? Circule-os.

3 Observe o percurso que você faz todo dia para ir à escola e assinale o que você vê no caminho.

☐ CASAS.

☐ EDIFÍCIOS RESIDENCIAIS.

☐ PARQUE OU PRAÇA.   ☐ EDIFÍCIOS COMERCIAIS.

☐ SUPERMERCADO.   ☐ LOJAS.

☐ BANCO.   ☐ POSTO DE SAÚDE.

☐ PRAIA.   ☐ PADARIA.

☐ PONTO DE ÔNIBUS.   ☐ PLANTAÇÕES.

☐ HOSPITAL.   ☐ POSTO DE GASOLINA.

4 Ilustre em sequência aquilo que você vê no percurso até a escola.

1º	2º
3º	4º

5 Vamos descobrir aonde Dora vai. Observe a ilustração e siga as pistas dos pontos de referência.

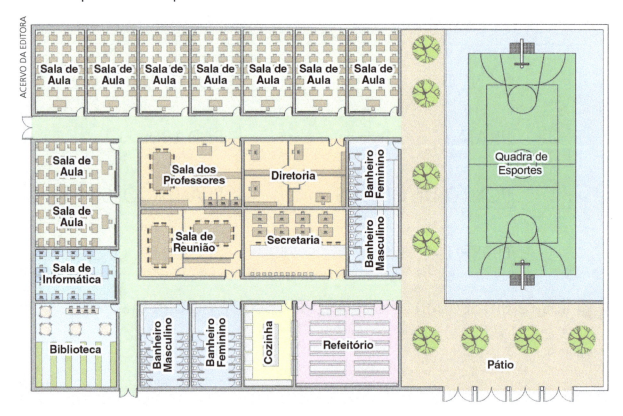

Dora está na sala de aula mais próxima da quadra de esportes. Ela saiu de lá e virou à esquerda e depois à direita. Passou pelos banheiros feminino e masculino. Depois virou à direita e passou pelo refeitório, pela cozinha e pelos banheiros feminino e masculino. No final do corredor virou à esquerda e chegou aonde estava indo.

a) Aonde Dora chegou? _____

b) Marque na planta os pontos de referência por onde Dora passou.

c) Se Dora estiver na sala dos professores e for até o refeitório, que caminho ela pode seguir?

Orientação no trânsito

A quantidade de pessoas e veículos na rua é muito grande. Por isso, precisamos de **sinais de trânsito**.

As placas de sinalização servem para orientar motoristas e pedestres. Elas são muito importantes para evitar acidentes.

Veja algumas placas e o que elas significam.

O semáforo também é um sinal de trânsito. Há dois tipos de semáforo.

As faixas de segurança para pedestres também são sinais de trânsito. Elas mostram o local onde o pedestre deve atravessar. As crianças devem atravessar sempre de mãos dadas com um adulto.

ATIVIDADES

1 Marque com um **X** as frases com as informações corretas.

☐ PARA ATRAVESSAR A RUA, USE A FAIXA DE SEGURANÇA.

☐ AS PLACAS DE SINALIZAÇÃO ORIENTAM MOTORISTAS E PEDESTRES.

☐ O SINAL VERMELHO PARA PEDESTRES INDICA QUE DEVO PASSAR.

☐ DEVO SUBIR E DESCER DO ÔNIBUS SOMENTE QUANDO ELE ESTIVER PARADO.

☐ POSSO ANDAR NA PISTA DE CARROS SE NÃO HOUVER MOVIMENTO.

☐ O SINAL VERDE PARA VEÍCULOS INDICA QUE OS CARROS PODEM SEGUIR.

2. Observe a cor de cada semáforo e escreva o que ela indica para os motoristas.

_____ _____ _____

3. Pinte os semáforos com a cor correta, de acordo com o texto escrito embaixo de cada um deles.

 PERIGO! PARE.

 OS CARROS DEVEM PARAR E EU POSSO ATRAVESSAR.

4. Ligue cada placa de sinalização ao que ela significa.

PARADA OBRIGATÓRIA

ÁREA ESCOLAR

PROIBIDO BUZINAR

SIGA EM FRENTE

PROIBIDO ESTACIONAR

EU GOSTO DE APRENDER

Leia com o professor o que você estudou nesta lição.

- Na cidade, o caminho para a escola pode ter prédios, ruas, avenidas.
- No campo, o caminho para a escola pode ter menos casas e mais plantações.
- O caminho de casa para a escola tem muitos detalhes; observando-os, consigo ter referências desse caminho.
- Nos caminhos que fazemos, encontramos pontos de referência que nos ajudam a identificar o lugar onde estamos.
- Na cidade, pode haver trânsito de automóveis, caminhões, ônibus, bicicletas, motocicletas.
- No trânsito, existem as placas e outras sinalizações que nos orientam e evitam acidentes.

ATIVIDADES

1. Responda às questões a seguir.

    a) O caminho que você faz para a escola é na cidade ou no campo?

    b) Você vai para a escola a pé ou em algum veículo? Qual?

c) A sua escola fica longe ou perto de sua casa?

_____

d) Quem leva você até a escola e depois vai buscá-lo(a)?

_____

_____

2 Pinte onde é possível as crianças irem para a escola de carroça, charrete ou cavalo.

☐ NA CIDADE. ☐ NO CAMPO.

3 Na cidade sempre tem trânsito mais intenso que no campo. Marque com um **X** o que as pessoas precisam fazer.

☐ ATRAVESSAR A RUA NA FAIXA DE PEDESTRES.

☐ ANDAR FORA DAS CALÇADAS.

☐ NÃO OLHAR PARA OS SINAIS DE TRÂNSITO, POIS ELES SÃO PARA OS VEÍCULOS.

☐ ATRAVESSAR A RUA QUANDO O SINAL PARA PEDESTRE ESTIVER VERDE.

☐ UTILIZAR A PASSARELA PARA ATRAVESSAR A RUA, QUANDO EXISTIR.

☐ BRINCAR NO MEIO DA RUA.

EU GOSTO DE APRENDER

Caminhos para a escola em muitos lugares

No mundo inteiro há crianças que saem de casa e vão para a escola todos os dias.

Como os lugares são diferentes, também o jeito de chegar é diferente.

Alguns fotógrafos resolveram registrar crianças indo para a escola em diversos países.

Veja algumas destas fotografias!

Crianças caminham até a escola, Togo, 2013.

Estudantes vão de canoa até a escola, Índia, 2014.

Crianças utilizam ônibus para ir estudar, Estados Unidos, 2015.

Grupo de crianças indo a pé para a escola Japão, 2011.

ATIVIDADES COMPLEMENTARES

1. Na foto 1, como as crianças estão indo para a escola?

   _____

2. Na foto 2, vemos crianças indo para a escola em qual país?

   _____

3. Em qual dessas fotos aparecem crianças japonesas indo para a escola?

   _____

4. Qual é o meio de transporte que as crianças da foto 3 usam para ir à escola?

   _____

5. Nessas fotografias as crianças parecem felizes por ir à escola? Por que você acha isso?

   _____

LEIA MAIS

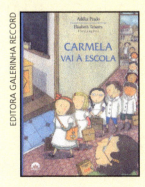

CARMELA VAI À ESCOLA

ADÉLIA PRADO. ILUSTRAÇÕES DE ELISABETH TEIXEIRA. RIO DE JANEIRO: GALERINHA RECORD, 2011.

HISTÓRIA DA MENINA CARMELA E TUDO QUE ELA ADORA QUANDO VAI PARA A ESCOLA.

LIÇÃO 7

As diferentes paisagens

Cada lugar tem um aspecto diferente do outro, por causa dos elementos da natureza que lá se encontram e aquilo que foi modificado pelo ser humano.

Ao observar um lugar, é possível descrever os elementos que formam a paisagem dele, como florestas, plantações, diversas construções, praias, morros, ruas asfaltadas, viadutos, construções etc.

Foto de trecho da vegetação da Floresta Amazônica em Manaus, Amazonas.

Foto de vista de um trecho da cidade de Manaus, Amazonas.

As imagens mostram trechos de dois tipos de paisagens: uma natural e outra transformada pela ação do ser humano.

As paisagens naturais são formadas por elementos da natureza, como árvores e outras plantas, montanhas, rios, lagos e animais silvestres.

As paisagens transformadas ocorrem quando as pessoas começam a construir, a plantar e a mexer no espaço onde vivem, alterando os locais.

As paisagens transformadas são muito diferentes. As do campo apresentam vegetações e elementos como plantações, criação de gado etc. As paisagens da cidade se caracterizam pelo grande número de construções, pelo grande movimento de pessoas e de veículos e pela inexistência ou pouca quantidade de vegetação original.

ATIVIDADES

1 Como é a paisagem do lugar onde você mora? Assinale a resposta.

☐ MUITO TRANSFORMADA.

☐ POUCO TRANSFORMADA.

2 Observe as cenas a seguir e responda:

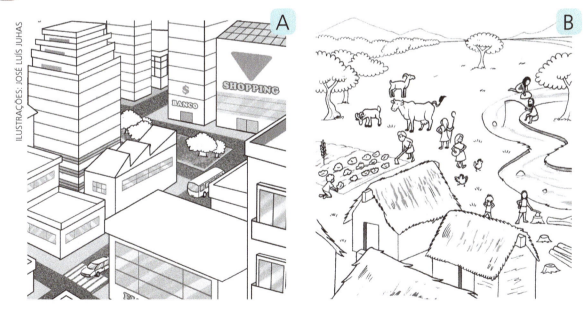

a) O que mostram as cenas das paisagens **A** e **B**?

_____

b) Agora pinte as cenas.

3 As cenas mostram o que aconteceu no lugar quando as pessoas chegaram.

a) Numere as imagens na ordem em que aconteceram as transformações.

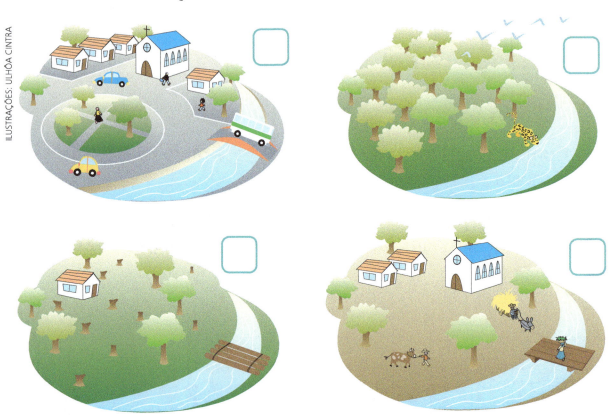

b) Agora identifique com um **X** no quadrinho o que foi construído no lugar.

☐ CASA. ☐ PRÉDIO. ☐ PARQUE.

☐ ESCOLA. ☐ FARMÁCIA. ☐ SUPERMERCADO.

☐ PONTE. ☐ PRAÇA. ☐ HOSPITAL.

☐ AVENIDA. ☐ IGREJA. ☐ RUAS.

Na ilustração do processo de transformação da paisagem, é possível perceber que as modificações foram causadas pela construção de elementos que facilitam a vida das pessoas. Por exemplo, as casas para abrigo, as ruas para ordenar e facilitar a circulação de pessoas e veículos, a ponte para permitir a travessia do rio de um lado ao outro sem a necessidade de um barco, a praça para oferecer um espaço de convivência e lazer.

ATIVIDADE

Quais elementos da paisagem construída você identifica no lugar onde vive? Assinale com um **X**.

A modificação da paisagem e os problemas ambientais

Na ilustração da atividade da página 88, você pode perceber que vários elementos do ambiente natural foram alterados por causa do processo de transformação da paisagem.

O ser humano, além de alterar a paisagem natural para atender às suas necessidades, também pode não cuidar do que restou desse ambiente natural.

As pessoas e as paisagens

As pessoas modificam a paisagem natural em um lugar para poder viver melhor ali. Elas constroem casas, escolas, fábricas, ruas, avenidas, estradas, fazem plantações e pastos para a criação de animais.

Para isso, elas derrubam árvores, retiram plantas, afastam os animais que vivem na natureza etc. Veja a seguir a imagem de um mesmo lugar em dois momentos diferentes.

Foto de Teresópolis, Rio de Janeiro, em 1890.

Foto de Teresópolis, Rio de Janeiro, em 2010.

As imagens mostram como a paisagem do local foi modificada com o passar dos anos. E o ambiente passou a ser bastante transformado.

Na imagem a seguir você observa um trecho de rio poluído em função do lançamento de esgotos das residências, fábricas, lojas e outros estabelecimentos.

Foto de poluição da água do Rio Tietê, em São Paulo.

> Em muitas situações, algumas pessoas têm atitudes que acabam causando danos ao ambiente, como **a poluição**.

ATIVIDADES

1 O que aparece representado na paisagem da foto acima?

_____

2 Quem você acha que sujou esse rio? Para quê?

_____

3 O que pode ter acontecido com os seres vivos que viviam no local retratado nessa paisagem?

_____

4 Como está o rio? Quais são as consequências dessas ações para as pessoas?

_____

_____

5 E no lugar onde você vive, será que existem rios como o que aparece na paisagem que você observou?

_____

_____

6 As fotos a seguir retratam outros tipos de problemas ambientais que modificam a paisagem.

a) Que problemas ambientais estão sendo retratados pelas paisagens das fotos?

_____

_____

b) Onde você vive existem esses problemas?
Converse com seu professor e com os colegas sobre isso.

EU GOSTO DE APRENDER

Leia com o professor o que você estudou nesta lição.

- Paisagem é tudo que você vê em um lugar.

- Os elementos de uma paisagem podem ser florestas, plantações, praias, morros, ruas, viadutos etc.

- No campo, as paisagens podem ter criação de animais, plantações, sítios com casas distantes umas das outras etc.

- As paisagens naturais são aquelas em que o ser humano não interferiu, como morros, vales, rios, mares.

- As paisagens modificadas são aquelas alteradas para o ser humano poder viver em um determinado local. Os seres humanos constroem casas, derrubam matas, abrem estradas.

- Ao modificar a paisagem, as pessoas precisam cuidar da natureza, para não prejudicar o meio ambiente.

ATIVIDADE

Observe a foto ao lado. O que os seres humanos fizeram para a paisagem ficar desse jeito?

_____

_____

_____

Foto de espuma de poluição no Rio Tietê, em São Paulo, em 2014.

EU GOSTO DE APRENDER

Cuidar do planeta Água

Você sabia que a superfície do nosso planeta tem mais água do que terra? Cerca de dois terços dela são formados por água dos oceanos e o restante são os continentes.

Então nosso planeta podia bem se chamar planeta Água!

Mas isso quer dizer que temos água à vontade para consumir? Não! A água que os seres humanos usam, chamada água **potável**, vem dos rios, lagos e nascentes. Se não soubermos cuidar dessa água, ela pode ficar imprópria para nosso consumo.

Se a água potável do nosso planeta ficar toda poluída, a humanidade e os demais seres vivos também serão extintos.

Por isso, ao modificar a paisagem, as pessoas precisam pensar na preservação das águas.

VOCABULÁRIO

potável: que é apropriada para o ser humano beber e cozinhar alimentos.

ATIVIDADES COMPLEMENTARES

1) Sublinhe a frase que fala do assunto desse texto.

   a) O nosso planeta só tem água potável.

   b) Precisamos preservar a água potável para ela não acabar.

   c) O nome do nosso planeta vai mudar para planeta Água.

   d) O nosso planeta tem mais terra do que água.

2) Marque com um **X** o que você pode fazer para preservar a água do planeta.

   ☐ FECHAR A TORNEIRA ENQUANTO ESCOVA OS DENTES.

   ☐ JOGAR O LIXO APENAS NO MAR, NÃO NOS RIOS.

   ☐ TOMAR BANHO RÁPIDO.

   ☐ EXPLICAR AOS AMIGOS POR QUE PRECISAMOS CUIDAR DA ÁGUA.

LEIA MAIS

MEIO AMBIENTE: UMA INTRODUÇÃO PARA CRIANÇAS

MICHAEL DRISCOLL; DENNIS DRISCOLL. SÃO PAULO: PANDA BOOKS, 2010.

FIQUE SABENDO DOS PRINCIPAIS PROBLEMAS QUE PODEM AFETAR O MEIO AMBIENTE E O QUE FAZER PARA EVITÁ-LOS.

As condições do clima e o meu dia a dia

Observe as ilustrações a seguir. Elas mostram algumas atividades que Fernando faz no seu dia.

Fernando se arruma de manhã para ir à escola.

Fernando brinca com os colegas no recreio.

Fernando faz as tarefas de casa à tarde.

Fernando janta com os familiares à noite.

Fernando dorme à noite.

Fernando mora em um lugar onde em vários meses do ano ele precisa usar um agasalho durante a manhã. Depois, em boa parte do dia, a temperatura esquenta e o casaco não é mais necessário, mas à noite a temperatura volta a cair e por isso é preciso usar roupas mais quentes e dormir com cobertas.

Essa variação de temperatura ocorre não só onde Fernando mora. Ocorre também em vários lugares. Em alguns, com maior diferença entre a temperatura do dia e a da noite; em outros, nem tanto. Há também períodos do ano em que a percepção dessa mudança de temperatura é maior, como no tempo frio.

Mas não é só a temperatura que pode mudar durante o dia ou em determinadas épocas do ano. Há dias em que o céu está nublado e o Sol parece estar escondido. Às vezes chove, às vezes venta muito.

Dia de sol.   Dia chuvoso.   Dia nublado.   Dia com vento.

As estações do ano

A intensidade da luz e do calor do Sol que chega aos lugares varia durante os meses do ano. Isso determina as estações do ano: verão, outono, inverno e primavera.

No verão temos as temperaturas mais elevadas. É uma estação de bastante calor. No outono, a temperatura diminui anunciando a chegada do frio, que é o inverno. Na primavera, a temperatura começa a subir e muitas plantas florescem.

O verão vai de 21 de dezembro até 21 ou 22 de março, quando começa o outono, que termina em 21 de junho. O inverno vem na sequência e termina em 22 ou 23 de setembro dando início à primavera, que termina quando começa o verão.

ATIVIDADES

1 Você já percebeu mudanças de temperatura no seu dia a dia?

☐ SIM. ☐ NÃO.

2 Identifique no quadro a seguir as características que são do dia e as que são da noite.

CARACTERÍSTICAS	DIA	NOITE
TEM LUZ DO SOL		
NÃO TEM LUZ DO SOL		
É POSSÍVEL VER AS ESTRELAS E A LUA		
NÃO É POSSÍVEL VER AS ESTRELAS		
É MAIS QUENTE		
É MAIS FRIO		

3 Onde você vive, em que épocas do ano percebe mais mudanças na temperatura no decorrer do dia?

☐ VERÃO. ☐ INVERNO.

☐ OUTONO. ☐ PRIMAVERA.

No calendário a seguir pinte com as cores correspondentes às estações do ano.

 VERÃO.

 INVERNO.

 OUTONO.

 PRIMAVERA.

2021

JANEIRO
D	S	T	Q	Q	S	S
					1	2
3	4	5	6	7	8	9
10	11	12	13	14	15	16
17	18	19	20	21	22	23
24	25	26	27	28	29	30
31						

FEVEREIRO
D	S	T	Q	Q	S	S
	1	2	3	4	5	6
7	8	9	10	11	12	13
14	15	16	17	18	19	20
21	22	23	24	25	26	27
28						

MARÇO
D	S	T	Q	Q	S	S
	1	2	3	4	5	6
7	8	9	10	11	12	13
14	15	16	17	18	19	20
21	22	23	24	25	26	27
28	29	30	31			

ABRIL
D	S	T	Q	Q	S	S
				1	2	3
4	5	6	7	8	9	10
11	12	13	14	15	16	17
18	19	20	21	22	23	24
25	26	27	28	29	30	

MAIO
D	S	T	Q	Q	S	S
						1
2	3	4	5	6	7	8
9	10	11	12	13	14	15
16	17	18	19	20	21	22
23	24	25	26	27	28	29
30	31					

JUNHO
D	S	T	Q	Q	S	S
		1	2	3	4	5
6	7	8	9	10	11	12
13	14	15	16	17	18	19
20	21	22	23	24	25	26
27	28	29	30			

JULHO
D	S	T	Q	Q	S	S
				1	2	3
4	5	6	7	8	9	10
11	12	13	14	15	16	17
18	19	20	21	22	23	24
25	26	27	28	29	30	31

AGOSTO
D	S	T	Q	Q	S	S
1	2	3	4	5	6	7
8	9	10	11	12	13	14
15	16	17	18	19	20	21
22	23	24	25	26	27	28
29	30	31				

SETEMBRO
D	S	T	Q	Q	S	S
			1	2	3	4
5	6	7	8	9	10	11
12	13	14	15	16	17	18
19	20	21	22	23	24	25
26	27	28	29	30		

OUTUBRO
D	S	T	Q	Q	S	S
					1	2
3	4	5	6	7	8	9
10	11	12	13	14	15	16
17	18	19	20	21	22	23
24	25	26	27	28	29	30
31						

NOVEMBRO
D	S	T	Q	Q	S	S
	1	2	3	4	5	6
7	8	9	10	11	12	13
14	15	16	17	18	19	20
21	22	23	24	25	26	27
28	29	30				

DEZEMBRO
D	S	T	Q	Q	S	S
			1	2	3	4
5	6	7	8	9	10	11
12	13	14	15	16	17	18
19	20	21	22	23	24	25
26	27	28	29	30	31	

5. Assinale a imagem que indica como está o dia hoje.

6. Pinte, de acordo com a legenda, as etiquetas dos alimentos mais indicados conforme a temperatura.

7 Usamos acessórios ou roupas diferentes conforme a temperatura do dia. Qual acessório ou roupa você escolhe para um dia de:

MUITO CALOR	CALOR	FRIO	CHUVA
1	2	3	4

8 Que roupas você usa quando o tempo está frio ou calor? Numere conforme a correspondência.

1 FRIO

☐ MEIAS
☐ CHINELO
☐ CASACO
☐ TÊNIS
☐ CAMISETA
☐ CALÇA COMPRIDA
☐ BERMUDA

2 CALOR

☐ GORRO
☐ CACHECOL
☐ LUVAS
☐ BOTA
☐ SHORT
☐ BLUSA DE MANGA COMPRIDA
☐ CAMISETA REGATA

EU GOSTO DE APRENDER

Veja o que você estudou nesta lição.
- A temperatura do dia pode variar.
- O dia também pode ser ensolarado, nublado ou chuvoso.
- Conforme a época do ano as temperaturas também variam.
- Existem quatro estações no ano: verão, outono, inverno e primavera.
- Comemos comidas diferentes conforme a temperatura do dia ou do ano.
- Usamos roupas diferentes de acordo com a temperatura do dia ou do ano.

ATIVIDADE

Liste o que você costuma comer quando está calor e quando está frio.

CALOR	FRIO

EU GOSTO DE APRENDER

Calor, frio e chuva

No Brasil há lugares muito quentes em praticamente todo o país. Mas Boa Vista, em Roraima, é a cidade considerada mais quente, porque somando a temperatura de todos os dias do ano, a média fica em 27,4 °C.

Vista da cidade de Boa Vista, em Roraima.

Há quem discorde, mas a cidade mais fria do Brasil fica em Santa Catarina. Ela se chama Urubuci. No inverno costuma nevar, e as temperaturas podem chegar a –9 °C. Mais gelado que a temperatura em que a água vira gelo.

E qual lugar tem mais chuva?

Chove mais no Amapá, na cidade de Calçoene. De janeiro a junho, chove 25 dias em cada mês, o que é praticamente chuva em todos os dias desses meses.

Pessoa esquia na neve em Urubuci, Santa Catarina, 2010.

ATIVIDADE COMPLEMENTAR

Vamos registrar como estão os dias durante duas semanas. Use os adesivos do final do livro para indicar isso.

Mês: _____ Ano: _____

Semana 1

DATA	DOMINGO	SEGUNDA- -FEIRA	TERÇA- -FEIRA
QUARTA- -FEIRA	QUINTA- -FEIRA	SEXTA- -FEIRA	SÁBADO

Semana 2

DATA	DOMINGO	SEGUNDA- -FEIRA	TERÇA- -FEIRA
QUARTA- -FEIRA	QUINTA- -FEIRA	SEXTA- -FEIRA	SÁBADO

ALMANAQUE

1. Escreva a letra inicial do nome de cada figura e descubra onde passamos boa parte do nosso dia.

2. Encontre e pinte o caminho que as crianças devem percorrer para chegar à escola.

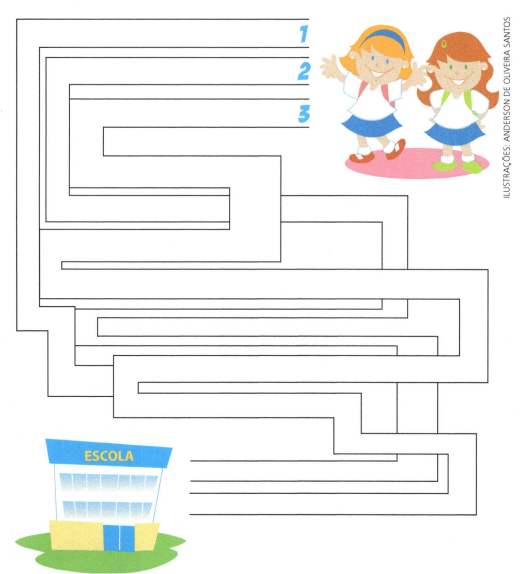

3 Circule a linha que indica o grupo de materiais usados na construção das moradias.

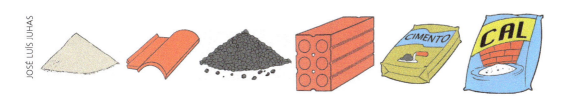

4 Cole os adesivos do final do livro, para representar as paisagens naturais.

5 Leia o texto:

O TRÂNSITO

NÃO PODE HAVER DISCORDÂNCIA DE ATITUDES ENTRE O TRÂNSITO DE VEÍCULOS E O PEDESTRE, ENTRE O TRÂNSITO E A POPULAÇÃO. MUITO IMPORTANTES SÃO AS CAMPANHAS QUE OS ÓRGÃOS RESPONSÁVEIS PELO TRÂNSITO NAS GRANDES CIDADES PROMOVEM ENTRE OS ESTUDANTES E AS CRIANÇAS.

SABEMOS QUE TRÂNSITO É A MOVIMENTAÇÃO, CIRCULAÇÃO OU AFLUÊNCIA DE PESSOAS E VEÍCULOS. [...]

OS SERVIÇOS DE TRÂNSITO NO BRASIL FISCALIZAM O EMPLACAMENTO DE VEÍCULOS, O CONTROLE DO TRÁFEGO, O ESTACIONAMENTO, APLICAM MULTAS E PROCURAM, SEMPRE QUE POSSÍVEL, ACONSELHAR OS INFRATORES. [...] HÁ GUARDAS DE TRÂNSITO, HÁ POLICIAIS ESPECIFICAMENTE TREINADOS PARA CUIDAR DO TRÂNSITO, POIS O TRÂNSITO PODE TORNAR-SE PERIGOSO E QUEM ABUSA OCASIONA GRAVES ACIDENTES, MUITOS DOS QUAIS FATAIS.

O MOTORISTA PRECISA CONHECER OS SINAIS DE TRÂNSITO COLOCADOS EM LUGARES BEM VISÍVEIS, QUER NAS RUAS E AVENIDAS, QUER NAS ESTRADAS.

UM BOM MOTORISTA É RESPONSÁVEL E OBEDECE AOS SINAIS E ÀS MARCAS, ÀS PLACAS, ÀS SETAS.

WALDIRENE DIAS MENDONÇA E CARMEN LÚCIA FERREIRA VAZ. PINTANDO O 7 COM EDUCAÇÃO DIDÁTICA. UBERLÂNDIA: GRÁFICA CLARANTO LTDA., 1999. P. 44.

Pesquise, recorte e cole no espaço abaixo placas de sinais de trânsito.

6 Você gosta de passear nas praças do município onde você mora?

Siga as setas, descubra as palavras e complete a frase.

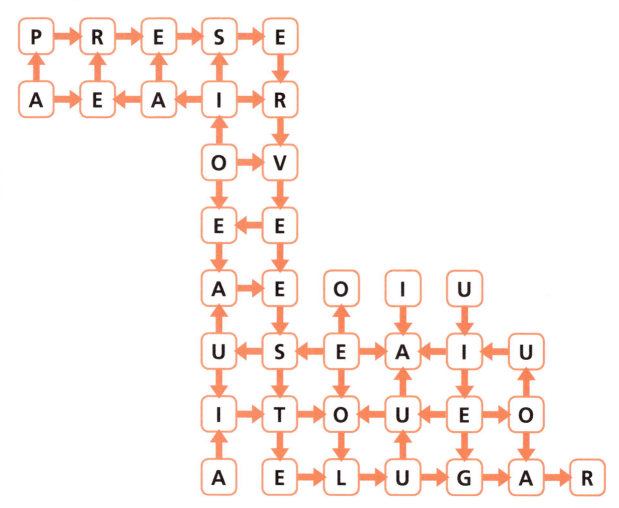

_____. Ele é seu.

Maquete

Podemos representar a sala de aula ou qualquer outro local por meio de uma maquete.

7 Vamos produzir uma maquete da sala de aula!

Para fazer a maquete, você vai precisar de:

Siga as instruções:

a) Recorte um dos lados da caixa de sapato.

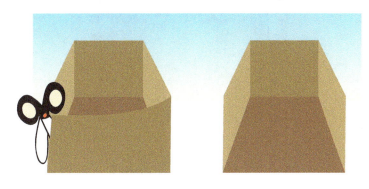

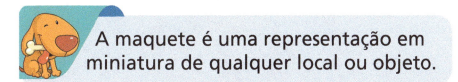

A maquete é uma representação em miniatura de qualquer local ou objeto.

b) Desenhe porta, janelas, quadro de giz e forre ou pinte o chão.

c) Forre as caixas que vão representar a mesa do professor e as carteiras dos alunos.

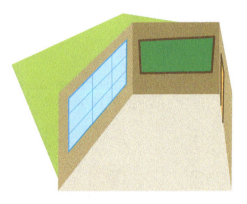

d) Coloque a mesa e as carteiras na sala de aula. Depois, coloque o copinho de plástico no canto direito do quadro de giz

e) Veja como ficará a maquete!

Parte integrante da Coleção Eu gosto m@is – Geografia 1º ano – IBEP.

Adesivos para colar na página 17.

ADESIVO

SÍRIO-LIBANESES/ ÁRABES	MACARRONADA
SÍRIO-LIBANESES/ ÁRABES	ESFIRRA
JAPONESES	QUIBE
ITALIANOS	SUSHI

Adesivos para colar da página 104.

Adesivos para colar na página 108.

Floresta Amazônica no Pará.

Cataratas do Iguaçu, no Paraná.

Monte Branco, na fronteira entre Itália e França.

Floresta no Rio Grande do Sul.